AF227133

PAUL TAUDIÈRE

DÉPUTÉ DES DEUX-SÈVRES

TRANSLATION

DES EX-MINISTRES A VINCENNES

LE 21 DÉCEMBRE 1830

Par F.....

GARDE GÉNÉRAL DES FORÊTS DE LA COURONNE.

Extrait des *Bulletins* de la Société de statistique,
sciences, lettres et arts du département des Deux-Sèvres.

SAINT-MAIXENT

IMPRIMERIE CH. REVERSÉ

1892

PAUL TAUDIÈRE

DÉPUTÉ DES DEUX-SÈVRES.

TRANSLATION

DES EX-MINISTRES A VINCENNES

LE 21 DÉCEMBRE 1830

PAR F.....

GARDE GÉNÉRAL DES FORÊTS DE LA COURONNE.

Extrait des *Bulletins* de la Société de statistique,
sciences, lettres et arts du département des Deux-Sèvres.

SAINT-MAIXENT

IMPRIMERIE CH. REVERSÉ

1892

Parthenay, le 3 octobre 1891.

Monsieur le Président,

Le manuscrit dont je vous ai parlé et dont je vous envoie une copie exacte, est écrit sur un petit cahier in-18 protégé par une couverture de papier vert. Il compte trente-deux feuillets d'un papier fort et un peu rugueux, comme il ne s'en fabrique plus. Le premier feuillet porte le titre que je vous ai copié en tête de ce que je vous envoie. Il est timbré de l'estampille :

FORÊTS

DE LA

COURONNE

GARDE

GÉNÉRAL.

Suivent dix-huit feuillets, réglés soigneusement au crayon et d'une écriture ferme et caractérisée. Puis trois feuillets blancs. Enfin le reste porte les notes très brèves et les comptes d'un voyage en Angleterre. Ces notes sont de la même écriture que les premiers feuillets ; mais elles ont été écrites en reprenant le cahier par l'autre bout, et les pages sont dans un sens contraire à celui des pages que j'ai copiées. L'auteur est M. Festhamel, mort inspecteur ou sous-inspecteur des forêts à Meaux (Seine-et-Marne). Le voyage en Angleterre a été fait avec une dame, appelée Emma : c'était le nom de Mme Festhamel que j'ai beaucoup connue ainsi que son mari. Ils étaient des amis de la famille de ma femme, et M. Festhamel venait presque chaque jour fumer après déjeûner chez notre oncle Chasselat, juge à Meaux. Il lui avait donné ce manuscrit, et c'est chez M. Chasselat, et après sa mort, que nous l'avons trouvé. M. Festhamel était resté aux forêts de la couronne jusqu'en 1848 et était ensuite entré dans l'administration des forêts. C'est au moins ce que j'ai entendu souvent raconter.

Vous lirez, je crois, ce petit manuscrit avec intérêt. Il reflète assez bien l'état des esprits en 1830, même parmi les membres d'une administration spéciale réputée pour son loyalisme. Je ne puis m'empêcher de vous signaler le passage relatif à la lecture du jugement des ministres. C'est tout un tableau saisissant, dont l'émotion a donné un véritable talent d'écrivain à M. Festhamel, qui ne se piquait guère d'un tel mérite.

Verrez-vous sans sourire les passages relatifs à la garde nationale ? Combien il fallait de préjugé pour conserver de si robustes illusions ! et comme malgré l'admiration de M. Festhamel, cette milice est bien peinte au naturel ! Ces braves soldats, impassibles sous les injures, qui, l'arme au bras, ont mille peines à faire reculer la foule de vingt-cinq pas et s'étonnent que le simple fait de croiser la baïonnette puisse la faire fuir comme une bande de moineaux. Ces militaires, fidèles à la consigne, qui reçoivent des ordres de toutes les bouches et les exécutent énergiquement... sauf ceux qui ne leur conviennent pas ! à ce point qu'il faut se défier d'eux pour l'exécution des ordres du ministre.

Agréez, monsieur le président, l'expression de mes sentiments les plus distingués.

Paul Taudière.

Translation des ex-ministres à Vincennes

Le 21 décembre 1830

Par F...

Garde général des forêts de la Couronne.

—

Amené, par suite des événements de juillet, à Paris, je me trouvais en décembre 1830, près de mon frère, colonel d'état-major de la garde nationale, qui était alors investi du commandement supérieur du Luxembourg et sous la responsabilité duquel les ex-ministres de Charles X se trouvaient, en attendant l'issue de leur procès.

La haine que les parisiens avaient vouée à ces auteurs du massacre de leurs concitoyens, la fermentation qui existait alors dans tous les esprits, laissaient entrevoir à quels excès le peuple pourrait se porter, si le jugement que la chambre des pairs allait rendre, n'offrait pas en holocauste aux mânes des victimes de juillet le sang des malheureux auteurs des fatales ordonnances.

Dès les premiers jours du procès, des groupes considérables se formèrent aux approches du Luxembourg. Les cris de *vengeance*, de *mort aux ministres*, s'élevaient de toutes parts. Les gardes nationaux de service au Luxembourg (ils étaient tous les jours 2.000) conservaient cette attitude calme et imposante, si nécessaire dans des circonstances aussi graves, ne proféraient aucun cri, mais ne dissimulaient pas que si les ministres n'étaient pas condamnés à mort, ils se retireraient et n'empêcheraient pas ceux qui auraient à exercer de justes motifs de vengeance (*sic*) de les exécuter. Prévoyant quelle terrible catastrophe il pourrait en résulter, on résolut d'enlever les ex-ministres et de les transférer à Vincennes pour y attendre l'issue du jugement. Les précautions immenses qui avaient été prises par le commandement supérieur du Luxembourg, pour s'assurer de la non évasion des prisonniers, ou pour prévenir toute tentative d'enlèvement, causaient de grandes difficultés et des dangers à courir pour la vie des ex-ministres et rendaient par conséquent difficiles et dangereux les moyens de translation.

L'exaspération des esprits était au comble et il fut facile de juger, en parcourant les groupes, qu'ils n'étaient pas seulement composés des parents ou amis des victimes de juillet, mais aussi de quantité d'agents du parti carliste, qui cherchaient à profiter d'un moment de trouble pour sauver les ex-ministres.

Tous les moyens furent employés. L'argent fut distribué ; plusieurs individus furent reconnus, des ecclésiastiques, des ex-gardes du corps, plusieurs officiers de la garde royale. M. Rampon, capitaine d'état-major de la garde nationale, reconnut le nommé D..., l'ex-adjudant-major aux carabiniers, dont le nom est à jamais flétri dans l'armée par sa lâche désertion à Waterloo. Tous ces individus désirant à tout prix mettre en contact hostile le peuple avec la garde nationale, excitaient la populace à désarmer les citoyens et à s'emparer de leurs armes.

Sur plusieurs points, des postes furent obligés de se retirer ; d'autres furent désarmés. Je fus présent à une attaque faite contre un piquet de grenadiers de la 3e légion, capitaine Pellout, dans la rue de l'Odéon. On leur lança d'abord des tessons de bouteille, des pierres ; plusieurs gardes nationaux furent grièvement blessés. L'officier commandant le poste voulut alors faire évacuer la rue. Il forma son peloton en ligne et le fit avancer l'arme au bras pour refouler les assaillants. Ceux qui se trouvaient face à face avec les gardes nationaux, se récriaient sur l'impossibilité de se retirer vu l'affluence, s'approchaient des gardes nationaux, les enlaçaient, s'emparaient de leurs sabres et bayonnettes et les passaient de suite derrière eux à leurs camarades. Plusieurs même voulurent arracher des fusils. J'arrivai près de la plus forte mêlée, au moment où un sergent de grenadiers, le s^r *Molinet,* sur le fusil duquel trois individus s'étaient jetés, voulant l'enlever, défendait son arme avec violence, et glissa sur le pavé. En tombant, son fusil lui échappa. Je m'élançai aussitôt et saisis le fusil par le milieu. L'indignation et la colère centuplèrent mes forces et j'arrachai le fusil des mains des individus qui s'en étaient saisis. Le sergent s'était relevé et aussitôt les grenadiers irrités croisèrent la bayonnette et refoulèrent en un instant hors de la rue ceux qu'ils avaient eu tant de peine, un moment avant, à faire reculer de vingt-cinq pas. Ce fut un instant après que m'étant avancé dans un groupe, je fus frappé par derrière d'un coup de canif ou de bistouri entre les épaules et que je renversai d'un coup de poing un individu qui se trouvait derrière moi, que je croyais l'auteur de cette tentative d'assassinat et que plusieurs gardes nationaux m'assurèrent être innocent, ayant vu le coupable s'esquiver au milieu de la foule.

Le général Lafayette voulut aussi essayer de faire retirer les groupes par sa présence : j'eus l'honneur de l'accompagner. A son approche, les cris de *vive Lafayette, vive la liberté,* se faisaient entendre ; mais aussitôt qu'il était passé, les cris de *mort aux ministres* recommençaient avec plus de fureur. Les assaillants essayèrent, mais vainement, de s'emparer de plusieurs grilles du Luxembourg. Ils furent partout repoussés par la bonne contenance et la fermeté de la garde nationale.

Tous les moyens étaient employés pour décourager les gardes nationaux et jeter la défiance dans leurs rangs. On leur disait que c'était à tort qu'ils restaient pour garder les ministres, qu'ils étaient évadés, que les chefs du Luxembourg avaient trahi, avaient reçu de l'argent, et mille contes aussi absurdes.

Dans un des moments où l'effervescence était la plus

forte, et qu'on disait les ex-ministres évadés, une attaque sérieuse était faite à la porte principale du Luxembourg. Le colonel F........l (lisez : Festhamel), averti de ce qui se passait, arriva avec plusieurs officiers et s'avançant dans la foule exaspérée, cherchait par ses paroles à calmer les assaillants, lorsqu'un individu de la basse classe du peuple et qui se faisait remarquer par son acharnement, s'avance violemment vers lui, en lui disant, sans le connaître : oui, *les ministres sont évadés, le commandant du Luxembourg est un scélérat ; il a reçu 500 mille francs pour les faire sauver et une bague en diamant de Polignac. Nous le connaîtrons bien. Il porte cette bague à la main gauche ; c'est lui qu'il nous faut, nous le pendrons ; il paiera pour eux.....* Le colonel le saisissant de la main droite, lui présente sa main gauche sous les yeux (il lui manque le pouce à cette main ; il a été enlevé à la Moscowa par un biscaïen) lui dit avec force : *le voilà, le commandant du Luxembourg et vois sa main ; elle a été mutilée sur le champ de bataille et elle ne sera jamais souillée d'une bague qui serait le prix d'une bassesse ou d'une trahison.* L'individu se confondit aussitôt en excuses, disant *que c'était un monsieur qui le lui avait dit* et il s'esquiva honteux dans la foule qui finit elle-même par se dissiper.

L'issue du procès n'étant pas encore connue, les gardes nationaux restaient fidèles à leur poste et employaient tous leurs efforts pour maintenir l'ordre et la tranquillité nécessaire à un tel procès. Mais ils répétaient que si le jugement que l'on allait rendre n'entraînait pas au moins la mort de l'un des ministres, ils se retireraient et laisseraient le peuple envahir le Luxembourg et exercer sa fureur.

Le 21 décembre, jour où le jugement que la chambre des pairs suivait, allait être prononcé, on sentit la nécessité de presser la translation des prisonniers à Vincennes pour éviter le terrible résultat d'un massacre d'hommes coupables sans doute, mais qui n'étaient pas moins placés sous la sauvegarde de la justice. Me trouvant alors dans l'intérieur du petit Luxembourg, dans le salon de service, mon rère me prescrivit de ne pas m'absenter, que j'allais être employé à une mission ; le lieutenant colonel Lavocat vint me réitérer le même avertissement, en m'informant que son frère avait la même consigne et de me munir d'armes portatives. Il était alors trois heures et demie. Le général Favier arriva, puis M. Montalivet, ministre de l'intérieur, et là, on discuta plusieurs moyens pour effectuer la translation. J'offris de faire sortir les ministres un à un, de les confier à des hommes sûrs qui s'engageraient sur leurs têtes à les mener à Vincennes. Je m'offris à conduire M. Peyronnet. M. Montalivet me fit entrevoir la difficulté d'un pareil moyen, en disant que les personnes des ministres étaient connues et par conséquent, je serais exposé, sinon à les voir échapper, mais bien à être massacré avec eux, s'ils venaient à être reconnus. Il fallut abandonner ce moyen. Mon frère proposa alors de les faire sortir publiquement, en s'appuyant de l'ordre des ministres et du général La Fayette, de leur faire traverser le Luxembourg devant les postes assemblés, et de profiter de l'instant, de les faire monter dans la voiture du ministre de l'intérieur qui était à la porte de la geôle et de les conduire avec rapidité à Vincennes. Ce moyen prévalut et il fut convenu qu'on allait de suite le mettre à exécution.

Le ministre de l'intérieur m'engagea à sortir du Luxembourg, et à attendre avec lui les ex-ministres à la porte de la geôle et aussitôt qu'ils seraient montés en voiture, nous sauterions sur des chevaux qui nous attendaient et partirions pour Vincennes. Huit minutes avaient été fixées par le commandant supérieur pour sortir les ministres de leurs prisons, leur faire traverser les postes et les rendre à la porte de la geôle. Un signal devait nous être donné pour nous prévenir de leur arrivée et un détachement de 25 lanciers et de 25 gardes municipaux à cheval devait être échelonné dans la rue de Vaugirard pour escorter les voitures.

Dans cet intervalle, M. Montalivet, qui avait apporté un habit de ministre, trouva plus convenable de rester en bourgeois pour donner moins de soupçons et me pria de porter son uniforme dans le cabinet de mon frère. Je m'empressai d'exécuter son désir et arrivé près du premier factionnaire de l'intérieur, je lui montrai ma carte de passe. Quel fut mon étonnement de le voir croiser la bayonnette et de me dire qu'il avait ordre de ne laisser, ni entrer ni sortir qui que ce soit, que le général La Fayette en personne. Le général Bertrand, colonel de la 2ᵉ légion, vint aussi pour entrer. Même refus de la part du factionnaire. Je voyais les postes assemblés et tout me fit présumer que les gardes nationaux avaient connaissance de notre projet de translation et qu'ils avaient l'intention de s'y opposer.

J'entrai aussitôt dans la cour Wagram où était mon frère et lui fis part de mes inquiétudes. Il me répondit : *moi seul je commande ici ; j'ai donné mes ordres et j'ai mon épée pour les faire exécuter. Ne t'inquiète de rien, surveille le factionnaire ; je me charge du reste.* Je ne dissimulerai pas les angoisses que j'éprouvais, craignant voir, lors de l'arrivée des ministres conduits par mon frère, le factionnaire s'opposer à leur sortie et crier : *aux armes, on enlève les ministres.* Quelle eut été alors notre position ? Obligés peut-être de nous faire égorger par nos concitoyens et cela pour des hommes que nous eussions voulu empêcher d'être massacrés pour avoir fait couler le sang français.

Je me plaçai derrière un pilier, à un pas du factionnaire, bien résolu à le désarmer au premier refus qu'il ferait de laisser passer les prisonniers.

La porte s'ouvre... mon frère entre le premier ; après, les 4 ministres suivis du colonel Lavocat et de son frère. Le factionnaire fait un mouvement. Le commandant supérieur le fixe sévèrement en lui disant : *et votre consigne.... présentez les armes....* il obéit. Les ministres passent. Je m'empare de Peyronnet qui m'était désigné ; mon frère, de Guernon-Ranville ; Lavocat jeune, de Polignac, et son frère, de Chantelauze. La porte de la geôle s'ouvre ; nous sommes dans la rue. La voiture est prête ; les ministres montent. Nous sautons à cheval et nous partons au grand trot.

M. Montalivet est sur le cheval d'un trompette en tête du détachement de lanciers ; ensuite, la voiture dans laquelle sont les ministres, M. le lieutenant colonel Lavocat et son frère sont à cheval à la portière de gauche ; M. de Thorane, aide de camp du ministre de l'intérieur et moi sommes à la portière de droite. Derrière la voiture, le général Favier et son aide de camp ; 25 gardes municipaux forment l'arrière garde. Arrivés au coin de la rue de l'Ouest, plusieurs gardes nationaux et gens du peuple veulent s'opposer à notre passage, mais inutilement. Ils nous crient : *scélérats, vous sauvez les ministres.* Nous sortons de Paris par la barrière d'Enfer. Arrivés au pont de Charenton, nous trouvons des hussards échelonnés de distance en distance. Nous entrons dans le parc de Vincennes par la porte de Saint-Mandé. A environ cent pas dans le bois, la portière de droite s'ouvre ; je la repousse aussitôt violemment et une voix de l'intérieur me dit : *soyez tranquille, Mᵣ, ce n'est pas nous qui l'avons ouverte ; elle a probablement été mal fermée.* Je m'aperçus que M. Peyronnet tint constamment sa main après la portière pour la tenir fermée.

A l'entrée de Vincennes, un bataillon d'infanterie était placé par postes de distance en distance. Nous arrêtons à l'entrée du château ; on baisse le pont-levis ; nous entrons et nous arrêtons à la porte du donjon ; nous pénétrons : les prisonniers sont conduits d'abord dans la chambre de l'adjudant de place. Le général Daumesnil gouverneur du château, le colonel Greiner commandant la place sont présents. On leur communique l'ordre de translation ; M. Montalivet me dit : *Mᵣ vous resterez avec les ministres, ainsi que Mᵣ Lavocat jeune jusqu'à ce que vous ayez connaissance du jugement et alors vous serez remplacé.*

MM. Montalivet, Favier et Lavocat se retirent. Le général Daumesnil nous engage, M. Lavocat jeune et moi, à aller chez lui prendre quelque nourriture ; en attendant, il restera avec le colonel Greiner à garder les prisonniers. Nous déférons à son invitation ; à notre retour au donjon, les ministres étaient encore à table. Leur dîner terminé le général me dit : *la chambre que vous occuperez, communique avec celles des ministres ; vous les laisserez, s'ils le désirent, s'y promener un instant ; après quoi, vous les enfermerez séparément et vous ne trouverez pas mauvais que je m'assure également de vous, en vous enfermant aussi ; il y a dans la chambre que vous occuperez, une sonnette qui communique à mes appartements. Si quelque chose nécessitait ma présence, vous sonnerez et vous aurez à l'instant du monde.*

Montant les escaliers, M. Peyronnet qui était le dernier et je le suivais, s'arrête et me dit : *permettez-moi de respirer un peu ; je suis très fatigué.* Il fait une halte de quelques minutes et continuant à monter, nous arrivâmes au logement qu'ils avaient précédemment occupé. Il se trouve entre les deux corniches du donjon. La grande chambre est circulaire. Il y a quatre portes qui communiquent à chacune des petites tours qui forment le donjon et c'est dans ces petites chambres que devaient être enfermées les Excellences en attendant leur sort, qui allait se prononcer. Quelles réflexions ! quelle pénible situation ! peut-être était-ce la dernière nuit, pour l'un d'eux au moins ! J'avoue que me trouvant enfermé avec ces hommes naguère si puissants, à l'exécution desquels j'assisterais peut-être dans les fossés du château, mon imagination se reporta involontairement sur celle qui avait eu lieu, il y a des années et je ne pus m'empêcher de faire des réflexions sur l'instabilité des grandeurs humaines. Le silence imposant qui régnait dans ce lieu faiblement éclairé par une seule lumière ; la contenance des prisonniers ; leur air souffrant et réfléchi ; le retentissement prolongé, dans ces voûtes, des pas réguliers des factionnaires placés sur la plateforme du donjon ; le bruissement de leurs armes ; les inquiétudes que j'éprouvais sur le sort de mon frère qui devait se trouver dans une position bien dangereuse depuis la translation, connaissant surtout l'exaltation et le degré de fureur du peuple, tout cela, dis-je, occasionnait dans mon âme un trouble et une émotion difficiles à décrire. Cette situation pénible fut cause qu'il régna un moment de silence et d'embarras entre nous et les prisonniers.

Polignac fut le premier qui adressant quelques paroles insignifiantes à Mr Lavocat, témoigna le désir de se retirer, nous souhaita le bonsoir et passa dans sa chambre. M. Lavocat l'y suivit.

Guernon-Ranville et Chantelauze se retirèrent immédiatement après. Je les enfermai et restai seul avec Mr Peyronnet. Appuyés tous les deux contre le poêle, il m'adressa le premier la parole.

P. Vous venez de remplir une mission bien pénible, M^r, me dit-il...

F. Si c'est sous le rapport de la fatigue que vous l'entendez, lui répliquai-je, elle n'a pas été bien considérable.

P. Non pas fatigue de corps, mais d'âme et d'émotion... Il se tut et se dirigea vers sa chambre. Il se retourne et me dit :

P. Si un moment d'entretien avec un homme malheureux ne vous répugne pas, daignez entrer dans ma chambre.

F. Je vous hais comme homme politique ; mais vous m'inspirez, comme mon semblable, tout l'intérêt qu'un homme malheureux peut offrir... Nous entrons dans sa chambre. Il me présente un siège et nous nous asseyons :

P. Je suis né malheureux, dès mon enfance, malgré quelques beaux jours, une mauvaise étoile m'a constamment guidé. Elle me poussait à la fatalité..... j'en subirai toutes les conséquences. Je m'y résigne : (fortement ému) les malheureux !.... je leur avais pourtant montré l'abîme qu'ils se creusaient sous leurs pas ; ils s'y sont précipités….. et m'y ont entraîné avec eux.

F. Excusez ma franchise et pardonnez-moi la curiosité des questions que je vais avoir l'honneur de vous adresser. Pourquoi avez-vous signé les ordonnances, puisque vous connaissiez les dangers et les malheurs qu'elles produiraient ; vous ne péchiez certainement pas par ignorance…

P. Que voulez-vous ? la fatalité m'entraînait. Bien que je prévoyais le danger de la signature des ordonnances, je n'entrevoyais pas toute l'étendue des désastres qui sont arrivés. J'étais lié de manière à ne pouvoir reculer. Un faux point d'honneur m'a guidé. Sur mon refus de signer, je fus traité de lâche : je pris la plume sans hésiter et signai, peut-être mon arrêt de mort.

F. Pourquoi dans vos moyens de défense n'avez-vous pas fait valoir ces motifs ?

P. Je ne voulais accuser personne ; c'eut été abandonner mes malheureux collègues. D'ailleurs c'était ma fatalité.

F. Eh bien ! soit, je l'admets, cette fatalité, un aveuglement inconcevable vous a poussé à signer les ordonnances. Je veux bien croire encore que vous n'en prévoyiez pas les déplorables résultats. Mais puisque vous pardonnez ma franchise, permettez-moi encore quelques questions : quand vous avez entendu le canon et la fusillade faire vibrer Paris, quand enfin vous avez connu le déplorable résultat des ordonnances, quand le sang coulait à grands flots dans les rues, qu'avez-vous fait pour l'arrêter ? Votre cœur ne vous disait-il rien pour ces malheureux qui s'égorgeaient pour vos fatales erreurs et cependant ils étaient des français ! Je vous l'ai déclaré : je ne vous aime pas ; mais je vous plains. Je me suis dévoué pour vous transférer ici et je suis prêt encore à me sacrifier pour votre conservation ; quoi donc a pu vous retenir ?

P. Ce fatal point d'honneur ; j'étais d'ailleurs sans aucune autorité alors : une fois dans l'abyme, je ne pouvais plus en sortir ! Mais, vous, M^r qui ne m'aimez pas, qui êtes mon ennemi, vous venez de me protéger au péril de votre vie : si un embarras, un accident eût entravé notre marche, vous étiez à coup sûr massacré avec nous, qui donc vous a aussi gardé, si ce n'est le point d'honneur. — Il parut très affecté, en me disant ces paroles ; je m'écriai involontairement : moi, pauvre garde à cheval des forêts, obscur, ignoré ; quelle vicisitude ! qui m'eut dit, il y a six mois que je serais enfermé au donjon de Vincennes avec les quatre excellences. — Il me fit alors différentes questions sur ma position particulière et me témoigna à différentes reprises des marques d'intérêt très-vif et me dit entre autre choses... « que ne vous ai-je connu lorsque j'étais au pouvoir, je vous aurais fait du bien ». — Illusion, M^r, lui dis-je..... le malheur nous rapproche aujourd'hui..... mais alors, votre livrée m'aurait-elle admis à fouler seulement le seuil de votre hôtel.

Je me levai pour me retirer ; il me tendit la main et me dit : vous allez reposer tranquillement sur votre avenir. Mais moi..... malheureux..... Je me retirai et fermai la porte.

Je demandais à Mr Lavocat ce que Mr Polignac lui avait dit. Notre conversation a été absolument nulle ; rien de relatif à sa position ; phrases tout à fait dépourvues d'intérêt.

Nous nous jetâmes sur une chaise longue près du poêle pour nous reposer. Vers minuit, j'entends du bruit dans la chambre de Polignac ; j'ouvris la première porte et je l'entendis soupirer, et il me sembla fort agité, ce que j'attribuais à sa position. Le lendemain, je lui en fis la question ; il me répondit au contraire qu'il avait fort bien dormi.

A sept heures du matin, la porte s'ouvre : se présentent le général Daumesnil, le colonel Greiner, M. Prot, gardien

des ministres au Luxembourg, qui venait nous remplacer;
Mr Cauchy, greffier de la chambre des pairs, et M. Sajoux,
huissier.

Le général me dit : ouvrez aux détenus, on va leur lire
leur jugement. Réunissez-les tous quatre dans la chambre
de Mr de Polignac.

Je dois déclarer ici qu'il est faux, comme l'ont rapporté
les journaux, que Mr Peyronnet se soit fait attendre une
demi-heure. Étant tous introduits, les quatre ministres
sont dans le fond de la chambre qui peut avoir douze pieds
carrés. Devant eux et à l'entrée de la chambre se trouvent
le général Daumesnil, le colonel Greiner, Mr Prot,
Mr Lavocat et moi, et au milieu de la chambre,
Mr de Cauchy qui commence la lecture de l'arrêt.
Comme il en lisait le texte, Mr de Polignac dit : passez
les considérants. Sa figure est impassible et semble
inanimée. Mr Peyronnet a les bras croisés et fixe la terre.
Mr Chantelauze a la main sur le front et Mr Guernon-
Ranville a l'air assez assuré et fixe le greffier. Tout le
monde est debout. Le mot de *mort civile* fait faire un
mouvement convulsif à Mr de Polignac. Il tressaillit. La
lecture terminée, j'invite les ministres à se retirer chacun
dans leurs chambres. En passant près de moi, Mr Peyronnet me fixe, lève les yeux au ciel et me saisit la main
qu'il serre avec violence. Je le suis dans sa chambre ; il se
retourne et me dit : « Si vous ne jouissez pas des faveurs
« de la fortune, votre sort est encore heureux. Il vous reste
« des parents, des amis. Vous pourrez jouir de leur pré-
« sence. Vous avez encore un avenir. Mais, moi, mon
« avenir est fini..... c'est ce sang dont on m'accuse, qui
« me fait mal ; car j'en suis innocent. Que ne puis-je, au
« prix de tout le mien, racheter celui qui a coulé dans ces
« jours néfastes. » Il s'avança près de moi, et d'un ton très
ému, il me dit en saisissant ma main : « Mr F..... témoi-
« gnez à M^r votre frère la reconnaissance que j'éprouve
« pour les soins et les égards qu'il a eus pour moi ; j'en
« conserverai un éternel souvenir ; et vous, M^r, ajouta-t-il,

« croyez que je n'oublierai jamais votre estimable fran-
« chise et l'intérêt que vous m'avez témoigné, et si le
« souvenir d'un être malheureux peut vous être sensible,
« songez aussi que je ne vous oublierai jamais. » ..... il me
serra de nouveau la main..... des larmes s'échappèrent de
ses yeux..... j'en sentis moi-même..... je me détournai.....
et fermai la porte.

Je dois aussi déclarer qu'il est également faux que
Mr Chantelauze ait dit qu'il aurait tout le temps de jouer
aux échecs, comme les journaux l'ont rapporté : aucun de
MM. les officiers présents, ni Mr Lavocat, ni le greffier, ni
moi ne l'avons entendu. Mr Sajoux, huissier, qui a rapporté le fait, doit être doué d'une oreille bien fine, puis-
qu'il était derrière nous et presque en dehors de la chambre, pour avoir oui M. Chantelauze proférer ces paroles ;
surtout il est le seul qui les ait entendues. Je descendis
immédiatement du donjon et je partis avec Mr Lavocat
pour Paris et nous nous rendîmes immédiatement au
Luxembourg où nous arrivâmes à 10 heures.

Je profite de cette circonstance pour témoigner à la
garde nationale de Paris l'admiration qu'elle a inspirée par
sa belle et noble conduite ; sachant être impassible à tous
les genres de provocation et n'opposant que le plus grand
sang froid aux vociférations de toute espèce et même aux
coups et aux violences exercés contre elle. Honneur et
mille fois honneur à de tels citoyens.

Saint-Maixent. — Impr. REVERSÉ.

* 9 7 8 2 0 1 1 7 4 0 3 2 8 *